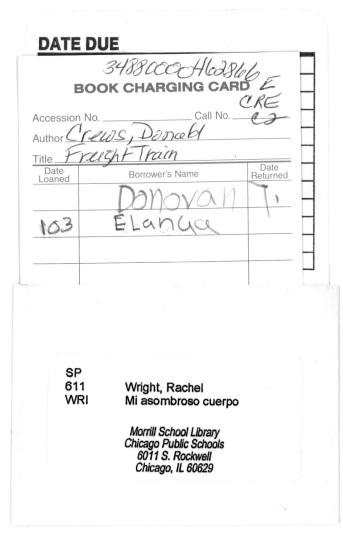

DATE DUE

3488000 4628166

BOOK CHARGING CARD E
CRE
C2

Accession No. _____ Call No. _____

Author *Crews, Donald*

Title *Freight Train*

Date Loaned	Borrower's Name	Date Returned
	Donovan T.	
103	Elanga	

MI ASOMBROSO CUERPO

RACHEL WRIGHT

TWO CAN ™

PRINCETON ■ LONDON

Cómo usar este libro

Referencias cruzadas
Busca las páginas que se citan en la parte superior de las páginas de la izquierda para saber más de cada tema.

Curiosidades
En este apartado encontrarás datos de interés sobre otros asuntos relacionados con el tema.

Haz la prueba
Estas burbujas te permiten poner en práctica algunas de las ideas de este libro. Así podrás comprobar si esas ideas funcionan.

Glosario
Las palabras de difícil significado se explican en el glosario que encontrarás al final del libro. Estas palabras aparecen en negritas a lo largo de todo el texto.

Rincón bilingüe
Aquí encontrarás las palabras clave de cada tema, así como frases y preguntas relacionadas con el mismo. ¿Puedes contestar las preguntas? Verás también las **palabras clave en inglés**, junto con su **pronunciación inglesa**. Practica en inglés las palabras que aparecen en negrita dentro de las frases y preguntas.

Índice
Al final del libro encontrarás el índice, que relaciona por orden alfabético la mayoría de las palabras que aparecen en el texto. Localiza en el índice la palabra de tu interés y ¡verás en qué página aparece la palabra!

Contenido

Tu asombroso cuerpo

Tu cuerpo es una máquina asombrosa que se mueve, piensa, oye, habla y, además, puede autorrepararse y crecer. Está formado de muchas partes distintas que trabajan al unísono, algunas de las cuales (tu piel, tu cabello) puedes ver. Otras, como tu **cerebro** o tus **huesos**, se hallan ocultas, dentro de ti.

Antes de que nacieras
Tu vida comenzó en el vientre de tu mamá. Primero, no eras más que una motita pequeñísima del tamaño de un punto. Fuiste creciendo, creciendo, hasta que estuviste listo para venir al mundo.

◀ El bebé permanece semanas en el vientre de la madre. Luego estará preparado para nacer.

El crecimiento
Cuando de bebé pasaste a ser un niño que caminabas y corrías, en tu cuerpo ocurrieron cambios muy rápidos. Todavía ahora sigues creciendo y cambiando, aunque con más lentitud, y volverás a crecer y a cambiar rápidamente cuando llegues a la adolescencia.

La edad adulta

Muchos adultos se mantienen saludables: cuidan su cuerpo manteniéndose en forma, con una buena alimentación y descanso suficiente.

▼ Los adultos de edad avanzada suelen dedicar más tiempo a las cosas que más les gustan, tales como jugar con los nietos.

▲ Conforme creces, puedes correr más deprisa porque tu cuerpo es más fuerte.

La adolescencia

Entre los diez y los catorce años tu cuerpo dará un estirón y sufrirá cambios.

En esa etapa, el cuerpo de las niñas, a medida que crecen, se va redondeando y pareciéndose más al de sus mamás, mientras que a los niños se les ensanchan los hombros y su voz se vuelve más grave. El vello corporal de unas y otros aumenta en algunas partes del cuerpo.

Rincón Bilingüe

años · years · *yíers*
bebé · baby · *béibi*
edad · age · *eich*
mamá · mother · *móder*
niñas · girls · *guerls*
niños · boys · *bois*
veinte · twenty · *tuenti*

¿Cuántos **años** tienes?
A los **veinte años** de **edad**, terminas de crecer.
¿Sigues, a tu **edad**, creciendo todavía?

5

véase: Tus músculos, pág. 8; La respiración, pág. 12

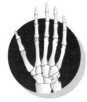

Tu esqueleto

La sólida estructura de 206 **huesos** que sostiene y da forma a tu cuerpo constituye el esqueleto. Sin éste, tu cuerpo no tendría consistencia y sería tan fofo como una bolsa de frijoles. Tu esqueleto también protege las frágiles partes que están dentro de tu cuerpo.

▼ Algunos de los **huesos** de tu esqueleto son muy pequeños y otros son largos y duros.

....*cráneo*

.......*costillas*

...*columna vertebral*

...*fémur*

...*rodilla*

...........*tobillo*

Dentro de tus huesos

Tus **huesos** tienen vida, al igual que la tiene el resto de tu cuerpo. Su exterior es duro y sólido, pero en su interior muchos de ellos tienen una sustancia grasa y gelatinosa, la médula ósea, que es la que fabrica tu **sangre**.

hueso

.*médula ósea*

CURIOSIDADES

Los insectos y los cangrejos tienen un duro caparazón externo, llamado exoesqueleto. Algunos seres vivos, como el pulpo, ¡no tienen esqueleto!

Cráneo y caja torácica

Cada **hueso** de tu cuerpo tiene su función. El cráneo sirve de casco protector de tu **cerebro**. Las costillas forman una caja que encierra y protege tus órganos internos.

Articulaciones

Una articulación, o punto de unión de dos **huesos**, es de varios tipos: En tu rodilla, es en bisagra, para doblar y desdoblar la pierna. En el hombro, es de bola, para mover el brazo en círculo.

▲ Tu columna vertebral es flexible porque está formada por muchas articulaciones.

Huesos rotos

Cuando te rompes un **hueso**, el **hueso** nuevo crece, uniendo los extremos rotos. Mediante un vendaje rígido los **huesos** rotos se mantienen inmóviles mientras se curan.

Rincón Bilingüe

brazo · arm · *arm*
cuerpo · body · *bódi*
dedos · fingers · *fínguers*
espalda · back · *bak*
esqueleto · squeleton · *skéleton*
huesos · bones · *bóuns*
pierna · leg · *leg*
rodilla · knee · *ní*

¿Puede tu **espalda** doblarse?
¿Cuántos **huesos** tiene tu cuerpo?

▼ Puedes doblar, hacer girar y retorcer tu cuerpo gracias a las articulaciones que unen tus **huesos**.

Los nudillos son las articulaciones de los dedos.

El hombro tiene una articulación de bola.

El codo tiene una articulación en bisagra.

La cadera tiene una articulación de bola.

La rodilla tiene una articulación en bisagra.

Los dedos de los pies tienen articulación en bisagra.

véase: Tu cerebro, pág. 16; Tu esqueleto, pág. 6

Tus músculos

Los **músculos** mueven tu cuerpo. Muchos de ellos están unidos a los **huesos** de tu esqueleto mediante unas fuertes tiras llamadas tendones; cuando corres, saltas o caminas, estos **músculos** tiran de tus **huesos**, moviéndolos, y haciendo que tu cuerpo se mueva también.

▼ Tus **músculos** se mantendrán fuertes y en forma si los ejercitas practicando juegos energéticos.

Pares de músculos

Muchos **músculos** trabajan en pares: uno tira del **hueso** en una dirección y el otro tira en sentido contrario de regreso.

Cuando doblas el codo, este **músculo** *se acorta, tirando de tu brazo hacia arriba.*

.bíceps

.tríceps

Cuando extiendes el brazo, este **músculo** *se acorta, tirando del brazo hacia abajo.*

Envío de mensajes

Tu **cerebro** controla tus **músculos**: selecciona cuál de ellos debe mover cada parte de tu cuerpo y les envía mensajes para que tiren de sus **huesos**. Cumplida la orden, los **músculos** envían mensajes de regreso al **cerebro**.

Muecas

No todos tus **músculos** tiran de los huesos. En tu cara, algunos tiran de tu piel. Son los que usas cuando sonríes, frunces el ceño o haces muecas.

▲ Cuando frunces el ceño, tu cuerpo utiliza más de 40 **músculos**. En una sonrisa se mueven unos 15 **músculos**. Si quieres ahorrar energía muscular...¡sonríe!

Variedad de músculos
Tienes tres tipos distintos de **músculos**, cada uno de los cuales tiene una misión diferente. Unos tiran de tus **huesos**, haciendo que te muevas. Otros empujan tu alimento a lo largo del cuerpo, y otros más hacen latir tu **corazón**.

Rincón Bilingüe

codo · elbow · *élbou*
juegos · games · *guéims*
músculos · muscles · *móssels*
pares · pairs · *pers*
sonrisa · smile · *smáil*
tipos · types · *táips*
tres · three · *zrí*

¿Te gusta practicar **juegos** energéticos?
En una **sonrisa** intervienen 15 **músculos**.
¿Cuántos **tipos** de **músculos** tienes?

9

véase: La sangre, pág.14; El cuidado de tu salud, pág. 28

La comida

Para crecer y funcionar bien, tu cuerpo necesita alimento. Éste debe masticarse y triturarse, y luego someterse a transformaciones en el interior de tu organismo hasta estar en condiciones de pasar a la sangre. Luego, tu **sangre** lo llevará, a través de los vasos, a las distintas partes del cuerpo.

El tubo digestivo

En tu interior, un largo tubo desciende desde tu boca hasta la parte inferior de tu abdomen, donde el tubo se pliega en muchas vueltas y recovecos. Tu comida sufre muchas transformaciones a medida que pasa por las distintas partes de este tubo.

De la comida que ingieres, tu cuerpo aprovecha todo lo que le beneficia y expulsa los **desechos**.

CURIOSIDADES

Las serpientes no mastican su comida. Cuando una serpiente comedora de huevos encuentra uno de su agrado, abre su ancha boca y se lo traga entero.

Comida saludable

Para crecer y aportar **energía** a tu cuerpo necesitas comer pequeñas cantidades de muchas clases de alimentos. Los huevos, la carne y el pescado te ayudan a crecer; la verdura y la fruta te proporcionan fibra, y las papas, el pan y las pastas te dan **energía**.

......*Cuando masticas, tus dientes trituran la comida y tu saliva la ablanda para que puedas deglutirla.*

..... *Una vez ingerida, la comida desciende por esta parte del tubo digestivo hasta tu estómago.*

..... *En tu estómago la comida se descompone por la acción de fuertes jugos gástricos y se convierte en una masa espesa.*

..... *Ahora, las partículas útiles de la comida son muy pequeñas y atraviesan las paredes del tubo digestivo, yendo a parar a la* **sangre**.

..... *Los restos de comida que tu cuerpo no puede utilizar son arrastrados al final del tubo digestivo y expulsados al exterior cuando vas al baño.*

▼ La comida de un bebé suele ser de consistencia blanda y fácil de ingerir. El bebé no tiene dientes con que masticar el alimento.

◄ Tu cuerpo es, en su mayoría, agua. Para mantenerte sano, debes beber a diario mucha agua. La sed es una forma que tiene el cuerpo de avisarte que debes beber agua.

Rincón Bilingüe

carne · meat · *míit*
comida · food · *fud*
estómago · stomach · *stómak*
fruta · fruit · *frut*
huevo · egg · *eg*
pan · bread · *bred*
pescado · fish · *fish*
verduras · vegetables · *véyetebels*

¿Por qué es blanda la **comida** de un bebé?
¿Te gustan la **fruta** y las **verduras**?

véase: La sangre, pág. 14

La respiración

Para vivir necesitas respirar. Cuando inspiras introduces aire a tu cuerpo por la nariz y por la boca. El aire pasa por un tubo que va de la garganta a los **pulmones**. Tus **pulmones** son dos bolsas elásticas que retienen el aire tal y como una esponja retiene el agua.

▲ Al inspirar, tus **pulmones** se dilatan conforme se llenan de aire.

Oxígeno

El **oxígeno** es un gas invisible contenido en el aire que te rodea. Al inspirar, llevas **oxígeno** a tus **pulmones**. Dentro de éstos, el **oxígeno** se filtra a los **vasos sanguíneos**. Luego, la sangre lleva el **oxígeno** a todo tu cuerpo.

▲ Conforme el aire que exhalas sale al exterior tus **pulmones** se contraen. Con la cantidad de aire que exhalas se podría llenar un globo.

HAZ LA PRUEBA

*Cuando inspiras aire, tu pecho se ensancha dejando espacio a tus **pulmones**, y cuando exhalas aire, se contrae. Cruza los brazos así y respira hondo, hacia adentro y hacia afuera. ¿Percibes el movimiento de tu pecho?*

Exhalar el aire

Tu cuerpo, conforme utiliza el **oxígeno**, fabrica un gas, el **dióxido de carbono**. Éste es un producto de desecho, es decir, tu cuerpo no lo necesita. Tu **sangre** lo lleva de regreso a los **pulmones** para su expulsión. De día y de noche, inspiras **oxígeno** y exhalas **dióxido de carbono**.

▼ Los peces respiran bajo el agua, pero no nosotros. Los buceadores necesitan llevar un tanque lleno de aire comprimido.

Rincón Bilingüe

aire · air · *er*
boca · mouth · *máuz*
cuello · neck · *nék*
esponja · sponge · *sponch*
garganta · throat · *zróut*
globo · balloon · *balún*
nariz · nose · *nóus*
pulmones · lungs · *longs*

Aspira **aire**: ¿Notaste si se movía tu cuerpo?
¿Se parecen tus **pulmones** a una **esponja**?

véase: Tus músculos, pág. 8; La comida, pág. 10; La respiración, pág. 12

La sangre

Tu corazón circula la **sangre** por tus **vasos sanguíneos**.

La **sangre** es un líquido rojo y espeso que fluye por todo tu cuerpo transportando los nutrientes del alimento que comes y el **oxígeno** del aire que respiras. También arrastra el **desecho** que tu cuerpo no aprovecha y lo lleva a las partes del cuerpo que lo expulsan al exterior.

Los vasos sanguíneos
La sangre circula por los **vasos sanguíneos** alrededor de todo tu cuerpo. Estos tubos elásticos, las delgadas líneas azules que a veces puedes ver a través de tu piel, van desde tu **corazón** a tus **pulmones** y luego recorren todo tu cuerpo en viaje de ida y vuelta.

El corazón
Tu **corazón** es un **músculo** especial, en el interior de tu pecho, que trabaja día y noche sin descanso para mantener la circulación de la sangre; cada vez que tu **corazón** se contrae impulsa **sangre** a través de los **vasos sanguíneos**.

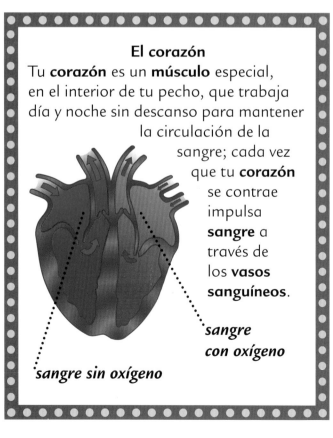

sangre
con oxígeno

sangre sin oxígeno

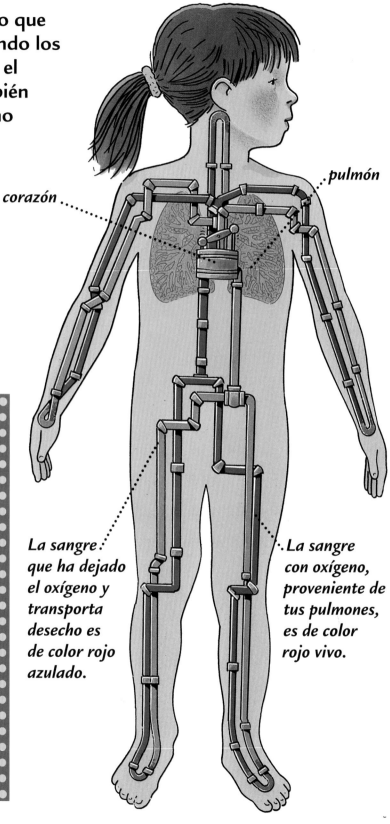

corazón

pulmón

La sangre que ha dejado el oxígeno y transporta desecho es de color rojo azulado.

La sangre con oxígeno, proveniente de tus pulmones, es de color rojo vivo.

Costras

Cuando te cortas, la **sangre** se endurece en la herida, taponándola. Debajo de la costra formada por la **sangre** crece piel nueva. Cuando se cierra la herida, la costra se cae.

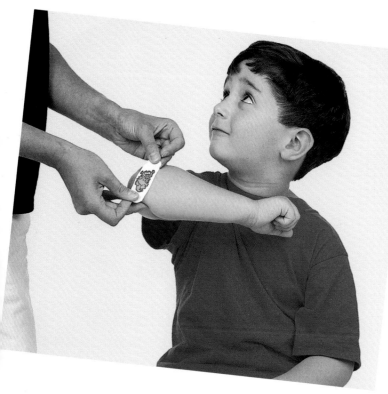

▲ La venda impide que los **gérmenes** penetren a través de la herida y la mantiene limpia hasta que se cura.

CURIOSIDADES

Si unieras todos tus **vasos sanguíneos** y formaras una línea con ellos ésta daría casi tres veces la vuelta a la Tierra.

Rincón Bilingüe

color · color · *cólor*
corazón · heart · *járt*
limpio · clean · *clín*
noche · night · *náit*

piel · skin · *skin*
sangre · blood · *blód*
venas · veins · *véins*
venda · bandage · *bándach*

¿Duerme tu **corazón**, durante la **noche**?
La **sangre** con oxígeno es de **color** rojo vivo.
¿Puedes ver tus **venas** bajo la **piel**?

Combate a los gérmenes

Tu **sangre** también ayuda a combatir los **gérmenes**. Estos pequeñísimos seres vivos pueden hacer que caigas enfermo cuando entran a tu cuerpo. Unas **células** especiales de tu **sangre**, los **glóbulos blancos**, luchan contra los **gérmenes** y ayudan a que te cures.

15

véase: Tus músculos, pág. 8; La respiración, pág. 12; El oído, pág. 18; La vista, pág. 20; El tacto, pág. 24

Tu cerebro

Tu **cerebro**, la masa grisácea y blanda dentro de tu cabeza, controla todo tu cuerpo y les dice a tus **músculos** y a tus **sentidos** qué deben hacer. Todos tus pensamientos, recuerdos y todo lo que aprendes es obra de tu **cerebro**.

Red de nervios

Tu **cerebro** está conectado a todo tu cuerpo mediante vías llamadas **nervios** y, a través de éstos, envía sus mensajes. Las distintas partes de tu cuerpo también usan estas vías para enviar mensajes de regreso al **cerebro**.

CURIOSIDADES

El **cerebro** del estegosauro era pequeño en comparación con su cuerpo. De hecho, su **cerebro** era del tamaño de una nuez.

▲ Éste es el aspecto de la capa externa de tu **cerebro**. Cada parte de tu **cerebro** exterior tiene una función especial.

16

*Esta parte de tu **cerebro** exterior envía señales nerviosas a tus **músculos**. Les ordena tirar de tus **huesos** para que puedas moverte.*

Esta parte controla tu habla. Te ayuda a conversar con los amigos.

Esta parte recibe señales nerviosas de tus ojos y te dice qué es lo que estás viendo.

Esta parte selecciona los mensajes nerviosos de tus oídos y te dice qué es lo que estás oyendo.

Tu tallo cerebral controla las cosas que no tienen que pensarse al hacerlas, como respirar o estornudar.

Los sueños

Tu **cerebro** trabaja de día y de noche. Incluso cuando duermes controla tus latidos y tu respiración, y continúa pensando mientras duermes. A veces, recuerdas en forma de sueños esos pensamientos.

▲ Los sueños suelen durar una media hora. Soñamos unas cuatro veces cada noche, aunque no siempre recordamos los cuatro sueños.

Rincón Bilingüe

amigo · friend · *frend*
cabeza · head · *jed*
cerebro · brain · *bréin*
estornudo · sneeze · *sníz*

nervio · nerve · *nerv*
sentido · sense · *sens*
señales · signals · *signals*
sueño · dream · *drim*

¿Recuerdas algún **sueño** que hayas tenido la noche pasada?
Mi **cerebro** trabaja de día y de noche.

véase: Tu cerebro, pág. 16

El oído

El oído es uno de tus cinco **sentidos**. Los otros son: la vista, el olfato, el gusto y el tacto. Tu **sentido** de la audición te permite oír muy diversos sonidos, desde la caída de una aguja al barritar de un elefante o tu música preferida. Además, te avisa de peligros que tú no ves, como un coche que llegara detrás de ti a gran velocidad.

Las orejas

Aunque las orejas sobresalen a ambos lados de la cabeza, el órgano de la audición está dentro de ella, protegido bajo tu cráneo.

▲ Tu **cerebro** clasifica los sonidos que oyes. Así, puedes distinguir entre los sonidos de varios instrumentos musicales, tales como el tambor o el silbato.

Dentro de tus oídos

Como la parte ancha de un embudo, tus orejas captan los sonidos en el aire y éstos entran al oído. Ahí los sonidos se convierten en mensajes que viajan a través de los **nervios** hasta el **cerebro**, y éste te dice qué es lo que estás oyendo.

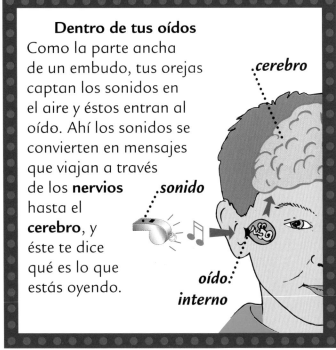

cerebro

sonido

oído interno

Muchos animales pueden mover sus orejas. Así, saben de dónde llega un sonido sin tener que mover la cabeza, lo cual podría atraer al enemigo.

Hablar por señas

Las personas que padecen sordera aprenden a hablar por señas. Con sus manos deletrean y expresan distintas palabras y frases.

Rincón Bilingüe

cabeza · head · *jed*
conejo · rabbit · *rábit*
embudo · funnel · *fónel*
orejas · ears · *íars*
sentidos · senses · *senses*
silbato · whistle · *uísel*
sonido · sound · *sáund*
tambor · drum · *dróm*

¿Puedes mover las **orejas** como un **conejo**?
El oído es uno de tus cinco **sentidos**.

▲ Estos niños están usando el lenguaje por señas para comunicarse. La niña dice que está cansada y el niño quiere saber qué hora es.

véase: Tu cerebro, pág. 16

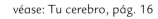

La vista

Tus ojos necesitan luz para ver. La luz rebota de cada objeto que miras y llega al ojo a través del pequeño punto negro que está en el centro. Un **nervio** lleva los mensajes luminosos de ahí hasta tu **cerebro**. Éste interpreta luego lo que ves.

▼ La vista, uno de tus cinco **sentidos** principales, te da una imagen del mundo que te rodea.

párpado

globo ocular

pupila

pestañas

Ojo con ojo

Tus ojos son como una pelota de ping pong blanda. Cuando te miras al espejo sólo ves el frente de tus ojos. El resto de ellos está dentro de tu cabeza.

▼ Algunas personas usan anteojos para poder ver con claridad.

Cómo entra la luz

El punto negro en el centro del ojo se llama pupila. Con luz tenue tus pupilas se dilatan para dejar que entre más luz al ojo. Con luz brillante se contraen para proteger el ojo.

Los lentes

Las personas que padecen miopía sólo pueden ver bien cuando se acercan al objeto que miran, y quienes padecen de vista cansada ven mejor si se alejan del objeto. Los lentes corrigen estos defectos.

HAZ LA PRUEBA

En un cuarto con poca luz observa las pupilas de un amigo. Luego, enciende la luz. ¿Qué diferencia notas?

Las lágrimas limpian tus ojos

Las lágrimas humedecen y limpian tus ojos. Nadie sabe por qué producimos lágrimas cuando estamos tristes.

Rincón Bilingüe

anteojos · glasses · *glases*
cinco · five · *fáiv*
lágrima · tear · *tíer*
luz · light · *láit*
ojos · eyes · *áis*
por qué · why · *uái*
pupila · pupil · *piúpil*
tamaño · size · *sáiz*

Tu **pupila** cambia de **tamaño**. ¿**Por qué**?
Tus **ojos** necesitan **luz** para ver.

véase: La comida, pág. 10; La respiración, pág. 12; tu cerebro, pág. 16

El olfato y el gusto

El olfato y el gusto son dos de tus **sentidos**. Cuando comes, tu lengua percibe los sabores y tu nariz capta los olores. Así puedes apreciar mejor los matices de sabor del alimento. Pero si tu nariz está tapada no puedes percibir el sabor de lo que comes.

Dentro de tu nariz

Los conductos que van desde tu nariz y tu boca están conectados en el interior de tu cabeza. Cuando comes, el olor de la comida se concentra en tu nariz y la parte posterior de tu boca. En la nariz, receptores del olfato captan ese olor y envían su mensaje al **cerebro**.

Olores en el aire

Tu nariz no sólo ayuda a tu lengua a percibir los sabores. También capta los olores en el aire a tu alrededor. Los olores son invisibles, como el aire, y suben por tu nariz cuando respiras.

▶ Tus **sentidos** del gusto y del olfato te indican si la comida está buena. La comida fresca tiene sabor y olor delicioso. De lo contrario el olor es malo.

Botones gustativos

Tu lengua está cubierta de pequeños bultos, los botones gustativos. Los que están en la punta de la lengua perciben el sabor dulce y el salado; los que están a los lados perciben lo ácido, como el limón; los que están atrás captan lo amargo, como el café.

Esta parte percibe lo ácido.

Esta parte percibe lo dulce y lo salado.

Esta parte percibe lo amargo.

HAZ LA PRUEBA

Comprueba que tu **sentido** del olfato es más fuerte que tu **sentido** del gusto. Véndale los ojos a un amigo; luego, mientras acercas una cebolla a su nariz, dale a comer un poco de pan. ¿Qué cree tu amigo que está comiendo?

Rincón Bilingüe

ayuda · help · *jelp*
café · coffee · *cofi*
dos · two · *tú*
gusto · taste · *téist*

lengua · tongue · *tong*
limón · lemon · *lémon*
olfato · smell · *smel*
sentidos · senses · *senses*

Mi nariz funciona con ayuda de mi **lengua**.
El **olfato** y el **gusto** son **dos** de mis cinco **sentidos**.

véase: Tu cerebro, pág. 16; Piel, pág. 26

El tacto

Con el **sentido** del tacto recibes las sensaciones en tu piel al contacto con las cosas. Cuando tocas algo con tu mano, los **nervios** de la piel envían mensajes al **cerebro** acerca de la sensación que recibes. Si ésta es desagradable o desconocida, tu **cerebro** te dice que retires la mano. Si la sensación es suave y placentera tu **cerebro** permite que dejes la mano donde está.

▶ Tocar el pelo suave de una mascota es una agradable sensación. También lo es acariciar a alguien a quien amas.

HAZ LA PRUEBA

Prueba el **sentido** del tacto de un amiguito. Recorta un agujero en el lado de una caja y pídele a tu amigo que introduzca su mano en él. Coloca en la caja cosas como spaghetti frío, papa cruda, una flor. ¿Puede tu amigo adivinar qué es cada cosa al tocarla?

Sensaciones diferentes

Tu **sentido** del tacto te indica si algo está caliente o frío, duro o blando, rugoso o liso. También te advierte cuando algo te lastima. El dolor es un recurso del cuerpo para advertirte de que algo te está perjudicando.

▲ Tu **sentido** del tacto te advierte si una bebida está caliente o fría. También te dice si algo está mojado.

▲ Cuando pisas una tachuela, un dolor agudo te advierte de que debes retirar el pie.

▲ Cuando estrechas la mano de un amigo sientes el apretón de su mano contra la tuya.

◀ La piel de la piña es áspera y dura al tacto, mientras que la piel de la manzana es lisa al tacto.

Lengua, labios y yemas de los dedos

Algunas partes de tu piel, como las yemas de los dedos, la lengua y los labios, sienten más el contacto con las cosas porque tienen mayor número de **nervios** del tacto. Por eso los bebés se llevan todo a la boca.

▲ El bebé suele llevarse los juguetes a la boca para conocer qué forma tienen.

Rincón Bilingüe

cosas · things · *zings*
dolor · pain · *péin*
juguete · toy · *tói*
mano · hand · *jand*
manzana · apple · *apl*
mascota · pet · *pet*
piel · skin · *skin*
piña · pineapple · *páin-apl*

Siento las **cosas** a través de mi **piel**.
¿Es la **piel** de la **manzana** rugosa o lisa?

véase: El tacto, pág. 24

Piel

Tu piel es como un traje ajustable y elástico, lavable e impermeable que te cubre de pies a cabeza. Tu piel guarda adentro tus órganos, impide la entrada de **gérmenes** a tu cuerpo y le ayuda a conservar la **temperatura**.

▶ Tu piel impide que el agua se filtre dentro de tu cuerpo y evita que el interior de éste se reseque cuando estás bajo el sol.

El color de la piel

La melanina es una especie de tinte que se encuentra en la piel y la protege de los rayos solares que son peligrosos. Las personas de piel oscura tienen más melanina que las personas de piel clara. Por eso, la piel oscura está mejor protegida del sol que la piel clara. En tiempo de sol, la piel produce más melanina para protegerse. Por esa razón, tu piel se broncea cuando está bajo el sol.

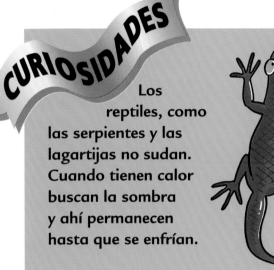

El sudor

Los diminutos agujeros que cubren la piel se llaman poros. Cuando sientes mucho calor, un líquido salado, el sudor, sale por los poros. Al secarse el sudor sobre la piel, ésta se enfría, refrescando tu cuerpo.

CURIOSIDADES

Los reptiles, como las serpientes y las lagartijas no sudan. Cuando tienen calor buscan la sombra y ahí permanecen hasta que se enfrían.

El pelo

El pelo crece en toda tu piel, excepto en los labios, plantas de los pies y palmas de las manos. En algunas partes, el pelo puede verse fácilmente. En otras, es tan corto que tienes que observar con cuidado para encontrarlo.

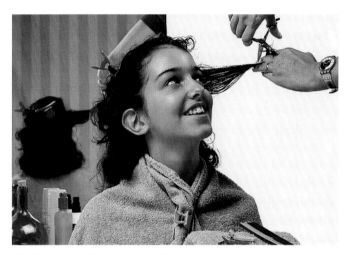

▲ En tu cabeza el pelo crece más rápido que en el resto del cuerpo.

Un corte de pelo

Las raíces de tu pelo, que están dentro de la piel, están vivas y crecen. Pero la parte del pelo que puedes ver no tiene vida. Por eso no sientes dolor cuando te cortan el pelo.

Cuida tu piel

El exceso de sol puede quemar y dañar tu piel. Si quieres disfrutar del sol sin peligro sigue estas normas:

● Usa un sombrero de ala ancha que proteja tu cara.

● Usa crema protectora en las partes del cuerpo que queden expuestas al sol.

Rincón Bilingüe

cómo · how · *jáu*
dentro · inside · *insáid*
labio · lip · *lip*
pelo · hair · *jer*

reptiles · reptiles · *réptails*
sol · sun · *son*
sombrero · hat · *jat*
sudor · sweat · *suét*

El exceso de **sol** puede quemar mi piel.
¿Por qué sudamos? ¿**Cómo** se refrescan los **reptiles**?

véase: Tus músculos, pág. 8; La comida, pág. 10

El cuidado de tu salud

Son muchas las maneras en que puedes cuidar tu salud. Comer alimentos sanos, dormir lo suficiente y practicar ejercicio con regularidad son algunas de las formas. También es muy importante bañarse y peinarse a diario y lavarse los dientes después de cada comida.

Cuidado con el azúcar

Las comidas y bebidas con azúcar saben muy bien y te dan una dosis momentánea de energía. Pero para mantenerte sano debes comer una mezcla de los diferentes tipos de comida, incluyendo mucha fruta fresca y verdura.

Dientes de adulto

Hacia los seis años, tus dientes comienzan a caerse y, uno tras otro, tu segundo juego de dientes sustituye a los primeros. Tienes un solo juego de dientes de adulto, de modo que, asegúrate de que los cuidas.

Con tus dientes delanteros muerdes y desgarras la comida.

Con tus muelas trituras y masticas la comida.

Mantente sano y feliz

Jugar fútbol, caminar, correr y nadar son diferentes tipos de ejercicio. Practicar ejercicio mantiene a tu cuerpo fuerte y en forma, y te ayuda también a sentirte feliz.

Y ahora, lávate las manos

Siempre debes lavarte las manos antes de comer o tocar los alimentos. Así eliminas de tus manos los **gérmenes** nocivos y evitas que pasen a la comida y te enfermes.

▲ Jugar al aire libre con tus amigos es una buena forma de ejercicio.

◀ Para lavarte bien debes usar agua limpia y jabón. El jabón ablanda la grasa de la suciedad y el agua la arrastra consigo, eliminándola de tus manos.

Rincón Bilingüe

azúcar · sugar · *shugr*
dientes · teeth · *tíz*
feliz · happy · *jápi*
germen · germ · *yerms*
jabón · soap · *sóup*
seis · six · *six*
siempre · always · *ólueis*

¿Qué es un **germen**? ¿Cómo actúa el **jabón**?
Lávate **siempre** las manos antes de comer.
¿Cuántos **dientes** tienes?

29

Curiosidades

● El cuerpo humano puede sobrevivir sin alimento durante tres semanas. Sin embargo, sin oxígeno sólo sobrevive unos minutos.

☆ *Cada noche creces un poco más cuando los discos que se hallan entre tus vértebras se estiran. De día, te encoges de nuevo a tu estatura normal.*

● Un sorbo de leche tarda sólo seis segundos en llegar desde tu boca a tu estómago. Los alimentos tardan 24 horas en pasar a todo tu cuerpo.

☆ *De tu cuerpo se desprenden continuamente pequeñísimas escamas de piel, de la que dejas caer al año unos 200 gramos. Mucho del polvo que hay en una casa es en realidad piel seca.*

● ¿Sabías que la sustancia más dura de tu cuerpo no es la de tus huesos? El esmalte de tus dientes, o capa externa que los cubre, es más duro y fuerte.

☆ *Tu cabello crece más por la mañana que de noche.*

● El hueso más pequeño de tu cuerpo se halla en tu oído. Recibe el nombre de estribo y ¡es del tamaño de un chícharo!

☆ *En el interior de tu cabeza hay unos 14,000 millones de células cerebrales que tienen el control de todo lo que tu cuerpo hace.*

● Un sorbo de leche tarda sólo seis segundos en llegar desde tu boca a tu intestino. Los alimentos tardan 24 horas en pasar a todo tu cuerpo.

☆ *Cuando estornudas, el aire sale de tus pulmones a 165 km por hora. ¡Más rápido que un huracán!*

● ¿Sabías que en tu cuello hay el mismo número de huesos que en el cuello de una jirafa? ¡Siete!

Glosario

célula Una pequeñísima unidad viviente. Todos los seres vivos están hechos de células.

cerebro El centro que controla tu cuerpo.

corazón El músculo que bombea la sangre a todo tu cuerpo.

desecho Sustancia que tu cuerpo no necesita.

dióxido de carbono Gas de desecho que tu cuerpo produce cuando utiliza oxígeno. Tu sangre lo lleva hasta tus pulmones y tú lo exhalas al exterior.

energía La fuerza para hacer las cosas.

germen Pequeño ser viviente que puede provocar que caigas enfermo.

glóbulos blancos Ciertas partes de tu sangre que destruyen a los gérmenes nocivos.

huesos Las partes duras y blancas del interior de tu cuerpo que constituyen tu esqueleto.

músculos Las partes del interior de tu cuerpo que mueven tus huesos y hacen que tus tubos de la alimentación funcionen.

nervios Las partes que llevan los mensajes a tu cerebro y desde él.

oxígeno Gas que se encuentra en el aire. El oxígeno pasa, cuando lo respiras, a tus pulmones, de ahí a tu sangre, y recorre todo tu cuerpo.

pulmones Con los pulmones inspiras y espiras aire.

sangre El líquido espeso y rojo que fluye por todo tu cuerpo. La sangre está constituida por un líquido acuoso, células rojas y células blancas.

sentidos Los poderes que hacen que tengas conciencia del mundo que te rodea. Tus cinco sentidos son la vista, el oído, el olfato, el gusto y el tacto.

temperatura Nos indica lo caliente o lo fría que está alguna cosa.

vasos sanguíneos Los tubos por los que corre la sangre por todo el cuerpo.

Índice

Publicado en los Estados Unidos y Canadá por
Two-Can Publishing LLC
234 Nassau Street
Princeton, NJ 08542
con permiso de
C.D. Stampley Enterprises, Inc.

© 2002, 1997 Two-Can Publishing

Para más información sobre libros y multimedia Two-Can, llame al teléfono 1-609-921-6700, fax 1-609-921-3349, o consulte nuestro sitio web http://www.two-canpublishing.com

Texto: Rachel Wright
Asesor: Dr R Ibrahim
Arte: Stuart Trotter
Arte en computación: D. Oliver
Fotografía en comisión: Steve Gorton
Director editorial: Jane Wilsher
Director arte: Carole Orbell
Director producción: Lorraine Estelle
Responsable proyecto: Eljay Yildirim
Editores: Belinda Webster, Deborah Kespert
Asistentes editoriales: Julia Hillyard, Claire Yude
Editor co-edición: Leila Peerun
Investigación en fotografía: Dipika Palmer-Jenkins
Traducción al español: María Teresa Sanz

HC ISBN 1-58728-648-3
SC ISBN 1-58728-705-6

HC 1 2 3 4 5 6 7 8 9 10 05 04 03
SC 1 2 3 4 5 6 7 8 9 10 05 04 03

Créditos fotográficos: Britstock-IFA (Westock, David Perry) p11sd, (Bernd Ducke) p18-19c; Steve Gorton p7, p15, p17, p19id, p26, p27, p28-29c; Images cubierta; Pictor International p22-23; Fiona Pragoff p7, p8-9, p24; Reflections Photo Library (Jennie Woodcock) p25ii; Tony Stone Images p4-5, p5, p21, p29sd; Telegraph Colour Library p20; Zefa p11c, p13.

Impreso en Hong Kong